« Croyez en vous, croyez en vos rêves »,
Eva

Nina Roque

Loi n°49-956 du 16 juillet 1949 sur les publications destinées à la jeunesse, modifiée par la loi n°2011-525 du 17 mai 2011.

© 2023 Nina ROQUE

Édition : BoD - Books on Demand, info@bod.fr

Impression : BoD - Books on Demand, In de Tarpen 42, Norderstedt (Allemagne)

Impression à la demande

ISBN : 978-2-3221-1486-3

Dépôt légal : Mars 2023

Article L-122-4

Toute représentation ou reproduction intégrale ou partielle faite sans le consentement de l'auteur ou de ses ayant droit ou ayant cause est illicite. Il en est de même pour la traduction, l'adaptation ou la transformation, l'arrangement ou un procédé quelconque.

Qui est Eva ?

Élevée dans une famille de musiciens, Eva s'initie très tôt à la musique. Elle est repérée à l'âge de 17 ans par des producteurs alors qu'elle étudie encore au lycée. On la découvre alors sous le nom de Eva Queen en 2018, avec le single « Mood » qui cumule à l'heure actuelle plus de 70 millions d'écoutes sur YouTube et les plateformes de musique. Ce single devient rapidement disque d'or mais c'est son titre « On Fleek », en collaboration avec Lartiste qui la propulsera dans le monde de la musique.

Seulement âgée de 21 ans, cette chanteuse a déjà publié 3 albums. Elle compte plus de 2 millions d'abonnés sur Instagram, cumule des millions de stream et remplit des zéniths lors de ses concerts. Aussi, elle a réalisé de nombreux featuring, aujourd'hui appelés

« feat » avec d'autres interprètes qui eux aussi sont victimes de leur succès. Eva a reçu l'Award d'Artiste Féminine Francophone de l'année lors des NRJ Music Awards 2021. C'est dans la célèbre émission de *Danse avec les stars* sur TF1 que certains ont pu la découvrir dernièrement.

Malgré ses succès successifs, il est important pour elle et sa famille de garder les pieds sur terre.

D'ailleurs elle ne se réduit pas seulement à être une chanteuse émérite. Elle est aussi une jeune femme, proche de son public et de ses fans avec lesquels elle échange souvent. Bien qu'étant propulsée sur le devant de la scène grâce, en partie, aux réseaux sociaux, il est primordial pour elle de faire comprendre à son public que les réseaux sociaux ne correspondent pas à la vraie vie.

Pleine d'ambition et de projets, elle avance droit devant elle et construit son univers artistique, et ce, grâce à plusieurs personnes (sa famille, son producteur et ses amis).

1

Pourquoi elle et pas une autre ?

Mon intérêt pour Eva est d'abord passé par celui de Jazz, sa grande sœur lorsqu'elle a commencé la télé réalité, tout particulièrement durant la saison 8 des Anges. Cette dernière postait au fur et à mesure des vidéos et photos d'Eva, sur les réseaux sociaux. J'ai directement suivi au fil du temps cette jeune adolescente à laquelle je m'identifiais certainement inconsciemment. Je pouvais regarder les stories de Jazz en boucle, même si Eva n'apparaissait ne serait-ce qu'une seule seconde. Plus tard, je me suis abonnée à elle sur Instagram, lorsqu'elle avait à peine 10 000 abonnés… Et dire qu'elle en a plus de 2 millions aujourd'hui !

Après avoir été bercée dans la musique dès son plus jeune âge, Eva entre très rapidement dans le monde de la musique, et plus particulièrement dans le R&B français. C'est le 26 octobre 2018 que cette jeune niçoise sort son premier single « Mood », qui obtient alors plus de 15 millions de stream avant d'être certifié disque d'or. Tout cela à l'âge de 17 ans seulement ! Une graine de talent ! Je l'admire tout particulièrement pour avoir sorti si tôt un son dans sa carrière, et qu'il ait eu autant de succès.

Lorsque j'y pense, je me remémore son parcours incroyable ; seulement 4 ans qu'elle est dans la musique et elle traverse un parcours bien plus compliqué que l'on ne l'imagine. Un parcours qui lui demande beaucoup d'investissements et énormément d'énergie, tout particulièrement quand elle enregistre en studio, où elle y passe des journées, voire même des nuits entières parfois. Pas à pas, elle avance, et trace son chemin, un chemin incroyable et que nous admirons tous, sa famille, ses amis, mais surtout nous, ses fans. Rares sont les artistes qui percent dans la musique en si peu de temps …

Les gens me demandent très souvent, « pourquoi cette artiste, pourquoi pas Beyoncé ? Ou alors Lady Gaga ? ». Eh bien, la réponse est plutôt simple. Personnellement, je trouve que ces chanteuses ne sont pas aussi authentiques que Eva l'est. A cause de leur notoriété, elles ont du mal à garder les pieds sur terre mais c'est juste mon impression. Quant à Eva, elle est naturelle, très intelligente, bienveillante, possède une mentalité ouverte d'esprit. En effet, elle réfléchit plus d'une fois avant de faire quoi que ce soit, elle est mature et sait faire la part des choses. Je trouve que sa manière de penser est exemplaire. Eva est aussi passionnée par ses projets, humble, généreuse et reconnaissante envers sa communauté, ses fans. Je pourrais rajouter qu'elle ne fait pas de la musique pour faire de la musique, mais c'est bien plus que cela : elle écrit la plupart de ses chansons elle-même tout en souhaitant faire passer des messages; cela lui tient à cœur mais à nous aussi. Ses paroles résonnent en nous car on s'y reconnaît énormément et c'est exactement ce qu'elle souhaite développer davantage dans son quatrième album à venir.

Vous avez dû remarquer, je pourrais lui faire des éloges pendant des heures et des heures...

Aussi, cela peut paraître compliqué à comprendre, mais elle aide énormément ses fans. Lorsque l'on est en difficulté, dans notre vie personnelle, dans notre parcours scolaire ou dans n'importe quelle situation, elle est là pour ses fans. Elle nous parle souvent de sujets qui lui tiennent à cœur, notamment le fait qu'il ne faut jamais lâcher et que certains moments seront plus compliqués à surmonter que d'autres mais que l'on y arrivera, un jour ou l'autre. Elle sait nous soutenir et trouver les mots justes quand on ne va pas bien. Elle essaye au maximum de nous donner de son temps, de nous parler sur des groupes de comptes fans sur les réseaux sociaux, de nous partager ses aventures, ses journées et même certains moments en studio quand elle enregistre. On est au courant de tout, à la minute près !

Elle est aussi là pour nous faire comprendre que tout ce qui se passe sur les réseaux sociaux n'est souvent pas la réalité et la « vraie vie », comme elle le dit elle-même, surtout lorsqu'elle veut nous prévenir des dangers d'internet. On la considère un peu comme une grande sœur, surtout quand elle parle de ce sujet.

Bref, elle a un cœur énorme.

Par ailleurs, ce que j'aime chez elle, c'est sa détermination dans ses objectifs et dans ses projets, sa maturité au-delà de ses 21 ans et le fait qu'elle soit extrêmement humble face à ses fans. Eva, elle sait aussi nous donner ou nous redonner confiance en nous. Beaucoup sont ceux, comme moi, qui prennent confiance en eux et ce grâce aux messages que nous véhicule Eva. Je suis, au fil des jours, un peu plus courageuse et déterminée dans ce que je fais.

C'est en l'écoutant que je comprends que je dois prendre exemple sur elle, sur le fait qu'elle a cru en elle, mais surtout en ses rêves et en ses projets. Elle m'a rendue plus forte, mais surtout, plus mature et c'est grâce à elle que j'ai su surmonter de nombreux obstacles et d'épreuves dans ma vie.

Pour conclure ce chapitre, je vous ai répondu « pourquoi elle et pas une autre ? ». Mais que diraient les autres fans ? Je leur ai posé la question. J'ai alors reçu un tas de réponses et je vous remercie d'avoir participé. J'en ai retenu quelques-unes que je vous livre afin d'avoir un autre avis que le mien : « elle est la seule personne qui me fait sentir moi » ; « elle fait et ferait tout pour ses fans » ; « elle est comme la maman que je n'ai jamais eue » ; « elle essaie de faire passer des messages importants aujourd'hui dans notre société » ; « elle a les pieds sur terre » ; « c'est une des rares artistes qui est aussi proche de ses fans » ; « c'est une femme simple et qui ne se prend pas la tête », ...

Voilà pourquoi nous l'aimons.

2

Faire face aux jugements et les affronter

Être fan d'un artiste apporte des avantages mais aussi des inconvénients...

Il m'arrive d'essayer de comprendre pour quelle raison de nombreuses personnes tentent de nous nuire pour la simple et bonne raison que nous sommes fan d'Eva.

La majorité des « haters » d'Eva, comme on dirait aujourd'hui pense que, si elle en est là où elle en est aujourd'hui, c'est uniquement grâce à sa grande sœur Jazz qui l'aurait propulsée dans la musique. Il est vrai qu'Eva est très souvent assimilée à sa sœur.

Au début de sa carrière, vous auriez demandé à une dizaine de personnes dans la rue « connaissez-vous Eva Queen ? », la plupart aurait répondu « ah oui, la sœur de Jazz qui a débuté la musique ! ». Cette façon de voir les choses a été difficile pour ses fans et aussi pour elle. Même si Jazz était sous les feux des projecteurs et qu'indirectement, elle a pu faire connaître Eva dans sa vie de famille, il ne faut pas oublier que les succès d'Eva sont le fruit d'un dur labeur de sa part : beaucoup de temps et d'investissement, être soi-même sur scène, faire des tournées…et aujourd'hui elle remplit des zéniths entiers ! Quelle réussite !

D'autres disaient qu'Eva écrivait des paroles pour les enfants, car « pas assez recherchées », et qu'elles ne toucheraient alors qu'un public de jeunes filles. La haine qu'elle recevait au début de sa carrière retombait sur ses fans ; « pourquoi vous êtes fans de Eva Queen ? », « c'est juste Eva », « la honte d'être fan de Eva » ; voilà les commentaires que nous entendions sur les réseaux sociaux ou même dans la « vraie » vie.

Pourquoi tant de haine et de méchanceté ? Les gens ne jugent-ils pas sans la connaître ? N'ont-ils pas des préjugés ? A l'âge de 16 ans, j'avais peu confiance en moi, donc recevoir ce genre de message ne m'aidait pas vraiment au quotidien. C'est pour cela que ça n'a pas toujours été facile pour ses fans d'assumer que l'on était fan de cette jeune femme et de le crier sur tous les toits. Ainsi, si Eva a très vite percé dans le monde de la musique, elle n'a pas toujours été appréciée par tous. Mais comme le dit l'adage, « les goûts et les couleurs, ça ne se discute pas ».

Aujourd'hui, beaucoup de critiques se sont envolées et ses fans assument de l'admirer chaque jour un peu plus. C'est en l'écoutant que j'ai pris confiance en moi et que j'ai su faire face aux jugements. Elle m'a appris à ne pas écouter les remarques et à faire ce que j'aime. Grâce aux messages qu'elle véhicule, elle sait nous donner confiance en nous.

3

Mon compte fan

Le 25 avril 2020, après 2 années à admirer Eva, je décide enfin de sauter le pas et de créer mon compte fan sur Instagram.

Pourquoi ne pas l'avoir conçu avant ? Tout simplement parce que je n'en ai jamais eu l'idée et à l'époque, je ne connaissais pas cet univers.

Le premier confinement, qui m'a poussé à un ennui extrême, m'a donné paradoxalement une idée : celle d'ouvrir une nouvelle page sur les réseaux sociaux afin de partager à tous mon intérêt pour la chanteuse Eva.

Je m'en rappelle comme si c'était hier ; ce samedi soir, il devait être aux alentours de 21h00, je créais enfin mon compte sur Instagram. Mon premier pseudo sur ce réseau social fut à l'époque « @iamevathequeenfan », mais je l'ai changé quelques temps plus tard pour celui que je conserve encore à ce jour, « @iamevaqueen.fr » sur lequel vous pouvez retrouver toute l'actualité d'Eva ainsi que mon aventure avec elle. Je ne sais pas vraiment pourquoi j'ai changé de nom du jour au lendemain mais sûrement qu'il ne me plaisait plus. C'est particulièrement amusant car nous sommes des milliers de comptes fans d'Eva et, chacun de nous possède son propre pseudo, bien qu'ils se ressemblent tous. Mais, nous sommes en quelque sorte, « attitrés » à ce nom, par lequel nous nous reconnaissons tous entre nous.

La création de mon compte fan m'a permis de partager mon intérêt pour cette jeune femme. J'ai appris à monter des « édits », c'est-à-dire de courtes vidéos sur des artistes où l'on peut communiquer leur actualité, notre amour envers eux, la magnificence de leurs concerts ou encore les liens d'amitié qu'ils tissent entre eux.

Ce que j'aime également par le biais des comptes fans, c'est qu'Eva peut à tout moment et par hasard, tomber sur nos montages et parfois même les « liker », commenter, voire les repartager dans sa story et ceux-ci sont alors visionnés par plus de 2 millions de personnes !

Lorsque l'on expose son adoration pour un artiste sur les réseaux sociaux, on rencontre également d'autres fans qui passent eux aussi leurs journées à afficher leur admiration pour cette chanteuse ou à discuter dans des groupes ou parfois même avec Eva lorsqu'elle en a le temps. J'ai eu moi-même cette chance, à travers ma page de fan. Elle a « liké » certains de mes posts qu'elle a commentés et repartagés en story. J'ai aussi reçu une vidéo dédicacée de sa part, et j'ai pu lui parler en message privé à de nombreuses reprises.

Je lui en suis extrêmement reconnaissante et dites-vous que tout est possible…

A l'heure actuelle, près de 4 000 personnes « followers » suivent l'actualité de cette artiste à travers mon compte. Mais en vérité, le nombre importe peu. J'aimais tout autant ce que je faisais à mes débuts, alors que je n'étais suivie que par peu de personnes.

Aujourd'hui, si j'ai autant d'abonnés, c'est probablement grâce à tout ce qui m'est arrivé à propos d'elle ; de l'avoir vue, d'avoir pu lui parler à de nombreuses reprises, et bien d'autres encore... Sachez une chose ; que vous ayez 100, 500, 1000 ou 5000 abonnés, cela ne signifie en aucun cas qu'une personne aime plus Eva qu'une autre. Et ce n'est pas, parce beaucoup de personnes me suivent aujourd'hui que j'en oublie mes débuts. Je suis, moi aussi, partie de pas grand-chose.

Malgré quelques histoires entre haters ou même fans d'Eva, dû aux effets néfastes des réseaux sociaux, la « team » Eva reste très soudée. Et s'il arrive des petits tracas, on se rappelle très vite que l'on est toutes là pour la même chose : prendre Eva dans nos bras et la voir briller sur scène. Cela nous rend plus fort car on s'entraide.

Par ailleurs, tenir un compte fan permet à chacun d'afficher ses rencontres avec Eva, réaliser son plus grand rêve, être face à elle et la prendre dans ses bras. Vous vous imaginez bien que lorsque mes amies la voient, j'en ai des frissons et j'en verse une larme. Je pourrais regarder jour et nuit les vidéos de leur câlin avec elle ... Être soudée entre fans, c'est aussi être fier pour ses amis/ies quand ce sont eux/elles qui accomplissent leur rêve.

Et pourquoi d'autres ont aussi eu l'idée de créer leur propre compte fan ?

Voici quelques raisons que je souhaitais vous partager :

« Pour la soutenir et pour lui montrer mon amour envers elle », Loan

« Pour partager mon idole, m'amuser et potentiellement qu'elle me remarque », Leane

« Admirer tout ce qu'elle entreprend sur les réseaux sociaux et applaudir sa réussite », Anaelle

« Pour pouvoir la soutenir dans tous ses projets et lui montrer que je serais derrière elle jusqu'à la fin », Chloé

« Pour qu'elle voit à quel point je l'aime, c'est ma manière à moi, d'exprimer mon amour pour elle », Romane

    Nous sommes là pour la soutenir lorsqu'elle ne se sent pas bien… Elle-même nous connait et sait qu'on ne la lâchera jamais. On est là, depuis le début jusqu'à la fin.

4

Eva, ce sont aussi des rencontres

Lorsque l'on affiche sur les réseaux sociaux notre adulation pour notre idole, on y passe alors beaucoup de temps. On partage avec d'autres personnes nos intérêts, nos envies et nos objectifs pour cette personne. Cela nous aide et nous rend plus fort. On se sent plus soudé entre nous, entre fans et entre personnes partageant les mêmes idées. Cela nous permet également de découvrir d'autres gens que ceux que l'on connait déjà et ainsi de sortir de notre « cocon », comme on dit. On apprend sur chacun, comme l'endroit où il vit dans l'hexagone en France ou ailleurs, sa culture, ses traditions et ses savoirs. Il arrive même très souvent que l'on s'aide pour des montages photos ou vidéos, on prépare des projets ensemble avec toute la team parfois. Ou bien, on s'aide tout simplement dans nos études ou nos devoirs.

Finalement, on a tous depuis nos débuts, un seul et même point en commun : soutenir Eva et rêver de la rencontrer face à face.

Malheureusement ces personnes qui tissent de nouvelles amitiés via les réseaux, tout comme moi, ont du mal à se voir et à se rencontrer à cause de la distance. De plus, avec la crise sanitaire du Covid-19, on ne pouvait plus sortir de chez soi, donc c'était extrêmement difficile ; il était évident que se voir face à face était impossible ; les écrans ou les médias étaient heureusement ou malheureusement notre seul moyen de communiquer. Il nous arrive très souvent de passer nos journées entières à s'appeler, à cause de cette fameuse distance qui nous sépare tout autant les uns que les autres.

Cependant, cette envie de se prendre dans les bras s'est concrétisée lors de ses concerts dans toute la France. Cette tournée nous a encore plus rapprochés. Le fait de se rejoindre tous ensemble, de rencontrer des comptes fans dans la réalité et non sur les réseaux sociaux, demeurait fabuleux et aussi incroyable.

Le fait de finalement voir ces personnes qui possèdent les mêmes passions que nous, nous renforcent encore plus ! Cela nous incite à nous voir davantage et à d'autres occasions, que ce soit à d'autres concerts, show cases, meetups ou festivals de Eva, ou encore plus fou, de fêter ensemble nos anniversaires, ce qui est fantastique !

Aussi, il est très émouvant de se voir et de réaliser que notre rêve s'est réalisé. Quand un fan annonce à un autre fan qu'il a vu Eva, de près ou de loin, une sensation de joie et de fierté s'installe, sensation indescriptible.

Leurs réactions sont diverses et plus incroyables les unes que les autres. Certains pleurent de joie, d'autres ont les yeux remplis d'émotion pour leurs amis. Souvent, on essaye de suivre les aventures de chacun dans le but d'atteindre notre objectif principal : voir Eva. On passe par toutes les émotions possibles : stress, excitation, angoisse, soulagement, ... C'est particulièrement amusant de se remémorer tout ce que l'on a fait pour pouvoir la voir et ce que l'on fera à l'avenir.

C'est clair que l'expression « qu'est-ce qu'on ne ferait pas pour elle » nous colle à la peau !

Mais si l'on peut rencontrer toutes ces personnes formidables, c'est bien grâce à une seule personne et toujours la même, Eva. Elle ne peut pas se rendre compte de tout ce qu'il se passe sur les réseaux entre ses fans et surtout du fait qu'elle puisse rapprocher autant de gens d'une telle manière, à l'aide d'un simple

« compte fan ». Et puis, on a hâte que Eva nous annonce une prochaine tournée pour tous nous revoir ! Alors surtout merci à elle, encore une fois de m'avoir donné la chance d'avoir rencontré et de rencontrer chaque jour des personnes extraordinaires.

5

Au plus près de nous

Être une star, en l'occurrence être chanteuse pour Eva, ne signifie pas seulement exceller sur scène, ni rencontrer ses fans dans la rue, mais aussi savoir remercier.

Les artistes remercient souvent leur public car ce sont à eux qu'ils doivent beaucoup, mais rares sont ceux comme

Eva qui témoignent leur reconnaissance envers leurs fans. De fait, cette chanteuse est très connue pour sa proximité avec son public. Chaque jour elle se rappelle qu'elle en est là grâce à ses amis, sa famille, son entourage et toutes ses équipes, mais surtout et essentiellement grâce à nous, ses fans. Comme évoquée précédemment, j'admire ce côté de reconnaissance envers nous, cette façon de toujours garder les pieds sur terre et de se souvenir d'où elle vient.

Afin de nous remercier de la suivre et de la soutenir chaque jour dans son parcours, elle a accompli un certain nombre de projets.

Eva sort le 11 février 2020, presque 2 ans après le début de sa carrière, sa première collaboration avec les magasins *Jennyfer* dans lesquels, on peut retrouver de nombreux vêtements et accessoires, tels que des sweat-shirts, tee-shirts, vestes ou encore pochettes… Dès le début de son parcours, elle souhaitait nous partager sa passion pour la mode, mais aussi que l'on puisse porter des vêtements à son nom. Et cela a fonctionné car ses fans ont adoré cette idée !

Ensuite, c'est avec la marque *Maybelline* qu'elle contribue pour du maquillage, comme une palette fard à paupières ou des rouges à lèvres.

Durant l'été 2020, elle décide d'organiser un concours et de traverser la France entière en bus, pour y rencontrer ses fans. Le projet « Tour bus » nous montre combien son souhait d'être proche de nous est important pour elle.

Quelques mois plus tard en octobre, elle choisit de créer un compte Instagram, dit « secret », dédié seulement aux fans ayant acheté un pack mis en ligne sur son store. Vous imaginez mon excitation ?! Ce compte avait l'avantage qu'elle s'abonnait à nous en retour ! Avec cet accès à ce compte, on pouvait découvrir en quelque sorte sa vie d'une façon un peu plus personnelle. Elle était encore plus proche de nous car elle discutait très régulièrement avec nous, dans des groupes ou même en message privé. Parfois, elle venait dans nos vidéos en direct, les « lives », et elle parlait avec nous en commentaires. C'était une idée géniale pour qu'elle soit encore plus proche de nous qu'elle ne l'était déjà auparavant !

Le 11 décembre 2020, elle relance sa coopération avec les magasins *Jennyfer* et sort une nouvelle collection qui se renouvellera à nouveau, très peu de temps après, en février. Tous ses fans adorent porter ses vêtements et accessoires ; on pourrait vraiment dire « qui ressemble, s'assemble », et cette manière de s'identifier à elle nous lie entre nous, et nous rend fières.

D'autres projets ont été réalisés de sa part, tout comme le 10 novembre 2021, où elle travaille avec les magasins *Calzedonia* et confectionne ses propres collants, mis en vente dans toutes les boutiques de France.

Ensuite, son public découvre son 3ème album le 19 novembre 2021 avec la chanson « vous », chanson qu'elle a entièrement dédiée à ses fans ! A cet instant-là, tous ses fans se rendent vraiment compte combien ils comptent pour elle.

Voici quelques paroles de cette chanson :

« Quand j'lis vos messages, tout d'un coup, j'oublie les envieux ».

Cette phrase en dit long. Autrement dit, quand Eva lit nos messages sur les réseaux sociaux, elle est capable de laisser de côté tout le reste et de se concentrer seulement sur sa communauté.

« Si j'vous laisse tomber, c'est comme si j'y perdais mon âme ».

Ici, ses fans peuvent traduire ce propos par une volonté d'être toujours présente pour eux de la part d'Eva. De fait, si elle venait à arrêter la musique un jour, elle y perdrait une partie d'elle-même. En quelque sorte, on fait partie de sa vie et elle ne pourrait pas nous laisser tomber.

« Vous », Eva.

Cette forme de remerciement envers son public n'est pas visible chez tous les artistes...

Le 20 novembre 2021 restera l'un des moments les plus importants de sa carrière de chanteuse. La soirée des *NRJ Music Awards* marque un tournant dans sa carrière.

Aux côtés de grandes chanteuses comme Louane, Clara Luciani, Amel Bent, Hoshi, Juliette Armanet, Wejdene et Yseult, Eva remporte la compétition. Après plusieurs milliers de votes, elle reçoit le trophée d'Artiste Féminine Francophone de l'année. C'était à notre tour de la remercier et elle en a été très reconnaissante car elle savait que ce sont ses fans en grande partie, qui l'ont fait gagner. D'ailleurs quelques minutes seulement après avoir été nommée, elle nous a directement remerciés sur les réseaux sociaux : « il est à nous mes bébés, je l'ai gagné », en parlant du trophée. A nouveau ici, elle n'a pas perdu une minute pour nous adresser ces quelques mots et cela prouve encore une fois qu'elle nous place en priorité. Sur les images du petit écran, ses proches et elles étaient tellement émus… un moment inoubliable !

Enfin, après avoir de nouveau sorti une collection dans les magasins *Jennyfer*, elle lance un concours qui permet de la rencontrer à la boutique *Jennyfer* au centre commercial, Westfield Forum des Halles, à Paris. Beaucoup de fans ont pu la prendre dans leurs bras, lui parler et prendre des photos avec elle !

Me dire qu'elle fait tout cela pour nous ! Tous ces moyens qu'elle met en œuvre pour nous remercier me rendent encore plus admirative, je l'aime tellement !

6

Eva tour

Fin mars 2020, Eva annonce qu'elle va enfin se produire une tournée et qu'elle va pouvoir nous rencontrer dans toute la France.

Quand elle a posté cette nouvelle sur les réseaux sociaux, je me suis finalement dit que j'allais réaliser mon rêve : la voir enfin briller sur scène après ce long temps d'attente !

Très rapidement, nous, ses fans, ont été très vite déçus et très tristes car une quinzaine de jours plus tard, la crise sanitaire du Covid-19 est apparue. Évidemment on a pensé au pire, ce qui s'est malheureusement passé. Eva a dû reporter sa tournée… Elle et l'ensemble de sa communauté étaient tellement tristes d'avoir eu ce faux espoir. En plus, nous ne savions pas combien de temps nous allions devoir attendre ; 3 mois, 1 an, 2 ans voire plus ? On patientait, encore et encore mais c'était difficile de se sentir privé de la voir durant cette sombre période…

Plus d'un an après, son public apprend enfin que l'on va finalement pouvoir la voir en concert. Et là, je réalise qu'elle va se produire tout près de chez moi, à

Amnéville, pour sa première date de tournée. La date est fixée au 9 octobre 2021. Je saute de joie, mon cœur s'emballe ! J'avais tellement hâte de la voir enfin ! Malheureusement, une nouvelle fois, Eva a eu le regret de nous annoncer à nouveau le pire à cause de la pandémie : l'incapacité de maintenir les dates de sa tournée. Tout est reporté ! Imaginez-vous, dans quel état j'étais avec les autres fans ! Un sentiment de déception s'ancrait en nous, nous hantait chaque jour et de plus en plus.

Le temps passait, on se demandait même si on allait la voir un jour ... Eva, elle aussi, était énormément accablée et émue ; la situation l'affectait beaucoup. Le but d'être chanteuse, c'est bien de monter sur scène face à des milliers de personnes et non de rester à attendre chez soi, que le temps passe à cause d'un virus que personne n'a vu arriver.

Finalement, le 20 septembre 2021, elle annonce de nouvelles dates de concert. J'espère que cette fois-ci c'est la bonne, je vais pouvoir réaliser mon rêve et ma plus grande ambition, qui se déroule alors le 6 novembre 2021 à Amnéville. Quand j'ai vu que sur une trentaine de dates, la mienne était la première, j'ai rapidement compris que j'allais être une des premières fans à l'entendre, à la voir de très près et même à découvrir ses nouvelles musiques en avant-première ! C'est donc le 6 novembre 2021 que « Eva Tour » débute pour 4 mois de concert avec souvent quelques pauses entre chacune de ses dates pour se reposer.

Et dire que cette jeune femme a parcouru la France entière, dans le but de rencontrer son public. Voir ses fans sourire, pleurer, sauter de joie devant elle à quelques mètres de la scène pendant qu'elle chante ...

En débutant par Amnéville, puis Marseille, Bordeaux, en passant par Paris, Lille, Nice, et finir à Genève en Suisse, et encore d'autres dates Eva a su montrer à son public de quoi elle était capable : elle sait tenir plus d'1h30 sans pause, en enchaînant chorégraphies, chansons et discours.

Sans oublier l'ambiance de ses concerts qui est juste formidable ! Elle sait mettre à l'aise son public tout en étant proche de lui. De notre côté, nous, ses fans, nous chantons aussi pendant 1h30 sans s'arrêter !

Ce sont des dates que, certainement personne n'oubliera !

Remplir des zéniths entiers pour Eva est devenu une habitude au fur et à mesure de sa tournée. Les salles de concerts étaient plus remplies les unes que les autres, c'était un vrai succès !

Aussi, « Eva Tour » est une manière de nous remercier, de nous rencontrer, qu'elle se rende compte que son public est là pour elle, partout, dans toute la France mais aussi du nombre de spectateurs qui la soutiennent en venant l'écouter sur scène !

Les fans qui se situent au premier rang durant ces soirées de concerts sont prêts à attendre très tôt le matin l'ouverture des portes de la salle de spectacle. A 6 heures pour les plus courageux et déterminés, comme moi par exemple qui serait même capable de venir avant le lever du soleil. La tension monte d'heure en heure jusqu'au lever du rideau.

Quand commence le concert, l'excitation est à son comble. Nous sommes alors submergés d'émotions et de réactions différentes : joie, pleurs, cris, et parfois même d'évanouissements pour les plus surpris lorsque le rideau tombe en à peine, une seule seconde. A vrai dire, c'est la seconde fatidique.

Enfin, personnellement, je me suis rendue aux 4 coins de la France, comme on dit. En commençant par la première date de sa tournée le 6 novembre 2021 à Amnéville, je l'ai alors suivie le 27 novembre à Strasbourg. Ensuite j'ai pris l'avion dans le but d'atterrir à Nice la veille de son concert, le 26 mars 2022 pour finalement aller à son avant dernière date de sa tournée, le 22 avril 2022 à Montpellier. Parcourir l'hexagone m'a aussi permis de découvrir de nouvelles villes et paysages. Mais cela m'a surtout fait partager ces extraordinaires concerts avec mes amies, qui possèdent elles aussi leurs propres comptes fans et qui vivent à l'autre bout de la France.

7

Le 04.11.21, Eva est devant moi ?

Et dire que je n'y croyais plus, que j'ai failli baisser les bras…

Tout a commencé la veille, le 3 novembre 2021 quand Eva a débuté sa tournée de concert, en commençant par ma ville. En ce mercredi soir, je négociais avec mon père pour me rendre à la salle de concert, le *Galaxie d'Amnéville*, qui se situe à une vingtaine de minutes de chez moi. En effet, j'avais dans l'idée de la rencontrer lors de ses répétitions, mais j'avais peur de me faire de faux espoirs. J'avais donc joué mon rôle d'enquêtrice, comme tous les fans d'Eva, mais sûrement pas assez bien apparemment… Malheureusement, elle n'était pas encore arrivée. J'étais tellement déçue et triste mais je ne pouvais pas laisser passer cette occasion. J'étais obligée d'y retourner le lendemain !

Je décide alors de retenter ma chance car cette fois-ci, je savais qu'elle était bien arrivée à Amnéville ! Après avoir patienté 3 longues heures dans le froid avec mon père (merci papa de m'avoir emmenée et permise de voir mon idole), j'ai compris que les choses sérieuses débutaient à cet instant ; j'entendais Eva répéter sur scène mais pas seulement !

J'ai pu écouter ses nouvelles chansons en avant-première, c'était tellement enivrant, j'avais un show privé à l'extérieur de la salle de concert !

C'était déjà incroyable de l'entendre et surtout de me dire qu'elle n'était pas très loin de moi. Quand j'ai entendu sa dernière chanson, je me suis dit que c'était le moment ou jamais. Nous étions seulement 2 à l'attendre ce soir-là. En fait, ça a été 2 longues heures d'attentes, de stress, d'excitation, de peurs, de faux espoirs car à chaque fois qu'une voiture ou qu'une personne sortait de l'entrée des artistes, j'imaginais y voir Eva.

Mais, à 22h18, j'ai vu un van noir s'approcher de la sortie de la salle de spectacle et j'ai directement su ce qu'il se passait. J'ai alors compris que la phrase dont Eva nous répète sans cesse « croyez en vous, croyez en vos rêves ! » prenait tout son sens ... D'abord, j'ai vu Sandra sa mère descendre du van, puis j'ai aperçu les baskets d'Eva et là, je me suis effondrée en larmes. A vrai dire, j'ai perdu tous mes moyens ; elle s'est approchée de moi pour me réconforter lorsqu'elle m'a vu fondre en larmes, mais c'était très difficile de m'arrêter. Quand je l'ai prise dans mes bras, j'ai ressenti tout l'amour qu'elle portait à ses fans et, plus particulièrement envers moi à ce moment-là. C'était magique !

Elle était accompagnée de toute son équipe. Dire qu'ils sont tous venus pour nous ! On était donc les 2 premières fans qu'elle avait rencontrées durant sa tournée. Je ne réalisais absolument pas ce qui m'arrivait à cet instant ...

Je l'ai fait ! Je l'ai prise dans mes bras après plus de 3 ans d'attente où je perdais peu à peu espoir ! J'ai réalisé mon plus grand rêve !

Personnellement, après cette rencontre j'ai très vite compris que ce n'était pas la dernière fois que je la verrais, elle m'a redonné une force gigantesque pour continuer de me battre un maximum dans la vie. Et puis, elle était si humble, elle nous parlait de sa vie, de tout et de rien, les échanges me paraissaient plutôt longs. C'était encore mieux car elle sortait de répétitions et non pas à la fin d'un concert ou autre, où elle aurait été maquillée et en tenue de prestation. Là, elle était vraiment au naturel ! C'était juste un moment magique, inoubliable et je pense que personne ne peut comprendre ce genre de sentiment lorsqu'il ne l'a pas vécu. Je ne la remercierai jamais assez pour le temps qu'elle a passé avec nous.

Cette rencontre m'a permis de me souvenir qu'il ne faut jamais lâcher, qu'il faut toujours croire en ses rêves, et non ce n'est pas qu'une simple phrase, c'est la réalité. Comme Eva a dit lors de son concert à Nice, chez elle ; « ayez confiance en vous, n'ayez pas peur, croyez-en vos rêves, parce que moi il y a 3 ans en arrière, si on m'avait dit que je serais là, je n'y aurais jamais cru. Je voulais venir sur cette scène et je voulais être chanteuse et on m'a dit « tu n'y arriveras jamais », et j'ai réussi aujourd'hui donc croyez en vous et croyez en vos rêves ». Ses paroles sont les plus sincères qu'il puisse exister, écoutez-la, suivez ses conseils, battez-vous pour atteindre vos objectifs, vos projets et vos rêves.

Mon rêve s'est poursuivi seulement 2 jours plus tard. Lors du premier concert de sa tournée, j'étais présente et accompagnée de mes meilleures amies et de ma sœur. Entourée de personnes importantes pour moi, j'ai particulièrement adoré partager et vivre ce moment. Alors après avoir attendu des heures dans le froid d'automne, j'ai eu la chance d'être quasiment tout devant, au milieu, face à elle. Nous étions donc son premier public à découvrir son show, ses anciennes chansons tout comme ses nouvelles. On a aussi pu écouter ses réflexions sur divers sujets qui lui tiennent à cœur : le fait qu'elle ait réussi à être là devant des dizaines de milliers de personnes, et aussi un discours sur le harcèlement et enfin, que croire en soi est considérable.

Évidemment qu'à chaque fois que le rideau tombe d'un coup et que je la vois sur scène, ce sont des instants magiques qui resteront gravés dans ma mémoire et où je réalise qu'elle est là, à quelques mètres de moi...

Je l'ai vu chanter avec la gorge serrée, lors de sa chanson « maman j'ai mal » qui décrit la société dans laquelle on vit aujourd'hui. Une société remplie d'harcèlement, de mal être et de dépression. Cela m'a fait vraiment beaucoup de peine et cela m'a énormément touché. La voir pleurer de tristesse et non de joie m'a bouleversée ; elle a même dû s'arrêter de chanter tellement que ce sujet la touche au quotidien ... Elle ne veut pas que ses fans et que chacun d'entre nous vivent dans un tel monde. Elle, au contraire, veut nous voir sourire et profiter de chaque moment présent. C'est exactement la raison pour laquelle elle nous donne autant d'attention et de conseils.

Durant le concert, parfois elle me regardait et dites-vous bien que, pour un fan, croiser le regard de son idole est incroyable. Aussi, elle a une si grande prestance sur scène, ce qui la rend encore plus belle qu'elle ne l'est ! Elle était si proche de son public et de nous, notamment pour la chanson « vous ». En effet, elle s'est mise à notre niveau, et s'est adressée à nous, assise sur le rebord de la scène, peut-être, pour nous rappeler que c'est aussi grâce à nous qu'elle est là.

Après avoir vécu ces 2 jours inoubliables, j'ai enfin pu me dire : « j'ai vu Eva ! Je l'ai prise dans mes bras ! », mais aussi que ce n'était ni la première ni la dernière fois que je la verrai.

Eva, merci pour tout.

8

Le 26.03.22, à nouveau dans ses bras

Après avoir été aux concerts de Eva à Amnéville puis à Strasbourg 4 mois plus tôt, il était l'heure pour moi de réaliser un autre projet qui me tenait vraiment à cœur ; celui d'aller à un concert dans sa région, à Nice. Cela m'a toujours paru impossible mais, comme on dit, « quand on veut, on peut ». J'ai alors pris l'avion la veille du concert, le 25 mars 2022 pour y atterrir 949 kilomètres plus loin, à Nice, ville où elle a grandi.

Cette soirée était vraiment importante pour ses fans et ses proches ; elle a chanté face à sa ville, face au public de chez elle, du moins, en grande partie. Et pour cela, je devais marquer le coup ; c'est pour cette raison qu'avec 3 de mes copines, on a mis en place un projet qu'on espérait remettre à Eva, par n'importe quel moyen, bien qu'on rêvât de lui donner en main propre. On a donc préparé un assez grand cadre personnalisé avec tout le parcours de Eva et des photos de chacune de nous avec elle.

Ce cadre photo nous a pris énormément de temps pour le rendre le plus magnifique possible. Ne rien lâcher pour lui donner en main propre ! Et on y est arrivé ! On a alors accompli cette ambition et j'ai alors pu réaliser à nouveau mon rêve une nouvelle fois ; j'ai pu la reprendre dans mes bras... Je lui en suis extrêmement reconnaissante.

Après l'avoir attendue devant *le Palais Nikaïa* depuis 7h00 du matin, mes copines et moi avons pu lui remettre ce cadeau. J'ai pu à nouveau la revoir. Je veux lui dire merci pour ce moment où on a pu discuter ensemble de tout et de rien. Ça a été l'occasion de lui donner notre cadre et prendre des photos avec elle. Aussi, j'ai pu revoir beaucoup d'autres personnes de son entourage et en découvrir d'autres mais surtout sa mère, Sandra, qui m'a aidé et m'aide beaucoup dans la team Eva. Certes c'est en partie grâce à Eva que j'en suis là mais je pense que je devrais plus souvent remercier Sandra pour tout ce qu'elle fait pour moi depuis le début et ce, jusqu'à aujourd'hui. Cette femme m'a permis de réaliser tant de choses concernant Eva, si vous saviez. J'en serai reconnaissante pour toujours. Sandra merci pour tout et pour cette soirée du 26 mars 2022.

Mais avant cette partie du concert, j'ai assisté à l'un des plus beaux concerts et des plus merveilleux que j'ai pu faire. La voir briller encore et toujours sur scène, à seulement quelques mètres de moi, me rendra toujours plus heureuse et fière. Durant le concert, elle a vu que je pleurais énormément à certaines chansons car je réalisais tout simplement ce qu'il se passait. J'ai pris l'avion et fait plus de 900 kilomètres pour voir mon idole, pour la rencontrer. C'est pourquoi aux chansons « vous » et « maman j'ai mal », elle s'est approchée de moi en me regardant pleurer ; puis on s'est fixée pendant quelques secondes, qui m'ont paru plutôt longues. En un seul regard, elle m'a fait comprendre qu'elle serait toujours là pour ses fans, pour moi et qu'elle ne nous lâcherait pas. Je lui en serais reconnaissante pour toujours, merci beaucoup.

Merci papa et maman pour cet inoubliable cadeau de mes 19 ans.

Aujourd'hui, je réalise que je pourrais traverser la France pour elle et pour mes rêves ; tout comme un mois plus tard, le 22 avril 2022, où je me suis rendue à son concert de Montpellier et ce, pour lui prouver mon amour et que je la suivrais jusqu'au bout, quoi qu'il se passe. J'ai alors à nouveau pu la voir de plus près et pu partager cette journée avec bon nombre de mes amies. Puis, j'ai encore eu la chance de prendre une photo avec elle, lorsqu'elle est sortie après sa prestation pour rencontrer ses fans … Je remercie Eva pour ce moment à nouveau incroyable et immuable.

9

Mon parcours dans les médias

Grâce à ce que j'ai pu accomplir à propos de Eva, de nombreuses opportunités, si je puis dire, se sont offertes à moi.

Un jour, je reçois sur Twitter un message d'une personne dont j'ignorais le nom ; c'était en réalité un journaliste. Ce dernier m'a rapidement expliqué qu'il était tombé par hasard sur mon compte et qu'il avait aperçu que j'étais fan d'Eva. Il souhaitait interviewer cette dernière quelques temps plus tard. C'était donc une occasion pour moi de discuter d'elle avec lui. Directement, cet homme m'a demandé pourquoi Eva demeurait si importante pour son public et ses fans mais aussi pour quelle raison elle était si proche de nous. Je lui ai alors répondu qu'elle nous aidait beaucoup pour chacun d'entre nous et qu'elle essayait toujours de donner le bon exemple. Aussi, j'ai affirmé que si elle paraissait si proche de nous, c'est bien parce qu'elle est extrêmement reconnaissante de ses fans et qu'elle veut nous rendre ce qu'on lui a donné, c'est-à-dire un énorme soutien. Comme elle le dit elle-même, « je veux les rendre fière ». On a alors discuté longtemps à propos de ce sujet et notamment du fait qu'Eva faisait très attention aux effets négatifs des réseaux sociaux pour elle, tout comme pour nous. Selon elle, il est important qu'on sache certaines choses. Ce qui est montré sur les réseaux sociaux et dans les médias, n'est pas la réalité.

Ce journaliste avait relevé un commentaire que Eva avait laissé sous un de mes posts où elle expliquait que certains moments sont plus difficiles à surmonter que d'autres mais qu'on y arrivera. Elle disait ; « continue de croire en toi, il y a plein de belles choses qui t'attendent, la vie n'est pas toujours simple mais n'oublie jamais que les choses les plus simples sont celles qui rendent heureux ! Sur les réseaux sociaux, les gens montrent ce dont ils ont envie, il n'y a pas de perfection même si la société actuelle nous le fait croire ». C'est une artiste qui se préoccupe beaucoup du bien-être de ses fans, elle ne veut pas nous voir triste mais surtout heureux.

Ainsi, quelques semaines plus tard, cet homme a interviewé Eva et lui a parlé de ce commentaire ; Eva a alors affirmé, qu'être la personne qui rend heureux ses fans la touchait beaucoup mais qu'un jour elle fera probablement sa vie dans le silence et qu'il faudra malheureusement avancer sans elle. Enfin, j'ai été particulièrement touchée d'entendre mon nom dans cette interview et je remercie beaucoup ce journaliste.

Ensuite, lorsque j'ai rencontré cette jeune femme pour la première fois, le 4 novembre 2021 à Amnéville, on m'a rapidement contacté pour réaliser un témoignage. J'ai d'abord commencé par expliquer depuis quand j'observais le succès de Eva. Puis j'ai énoncé ma rencontre avec elle, pour ensuite parler de son dernier album « Happiness ». Enfin j'ai terminé par donner mes morceaux favoris de ses albums. J'étais si heureuse que l'on me propose cela. J'ai pu montrer aux lecteurs qui était la vraie Eva et mon parcours envers elle, tout comme je suis en train de le faire.

J'ai eu la chance de passer à la télévision dans une émission où Eva y était le sujet principal. De fait, avec plusieurs amies à moi, une journaliste nous a contactées sur les réseaux sociaux et nous a demandé de lui expliquer en vidéo pourquoi nous étions fans de Eva. Quelques semaines plus tard, je me suis donc vu apparaître sur l'une des plus grandes chaines télévisées françaises ; c'était à la fois incroyable mais assez étonnant d'allumer sa télévision et de nous y voir parler !

Évidemment, je remercie toutes ces personnes qui m'ont et qui me font vivre de telles aventures chaque jour ! Je le dis à nouveau mais je suis énormément reconnaissante de tout ce qui m'arrive.

10

Avec nous, face aux critiques

La plupart de mes amis et fans de Eva sont extrêmement heureux et ravis de mon parcours et se réjouissent à l'idée de la prochaine fois que je la verrai. Cependant, il restera tout de même et malheureusement une partie de ceux-ci qui seront jaloux, haineux ou envieux. Parfois j'essaye de les comprendre, je me dis que moi aussi, à leur place, j'aimerai prendre Eva dans mes bras et la voir de très près mais il faut bien retenir que je me suis battue pour accomplir tout ce que j'ai fait !

C'est si malheureux de penser qu'un fan de Eva peut être triste et jaloux en regardant des images d'elle et ses fans, en l'occurrence moi depuis novembre 2021, depuis que je l'ai vue. Les gens se disent généralement qu'ils ne la verront jamais, qu'ils n'y arriveront pas ; ce que je me disais encore la veille de ce 4 novembre 2021. C'est bien beau de penser cela mais il ne faut pas croire que tout m'est arrivé du jour au lendemain, je me suis battue pour et je continuerai. On ne peut pas appeler cela une « chance » comme dit la majorité, mais c'est plutôt une victoire, plusieurs même... et j'en suis reconnaissante.

A de nombreuses reprises, mes amis et moi avons eu de réels problèmes à propos de cette haine présente sur les réseaux sociaux. Que ce soit par rapport à ma rencontre avec Eva à Amnéville ou encore à Nice ; des messages privés étaient remplis de méchanceté et d'acharnement. Tout cela alors que l'on s'est tout simplement démené pour toutes ces expériences uniques !

Personnellement, préparer un projet durant des mois et des mois, à s'acharner dessus afin d'arriver au bout de nos ambitions et prendre l'avion pour rencontrer son idole, ne peut pas être qualifié telle une chance… Quand je réfléchis et que je repense à tous ces mauvais messages que je reçois au quotidien, je me dis que je ne dois pas y faire attention, puis que je continuerai davantage à parcourir mon chemin avec elle. Aujourd'hui je suis là pour Eva et uniquement pour elle. Il ne faut pas croire qu'avoir un compte fan n'apporte que du positif, il y a beaucoup de côtés négatifs…

Puis, nous tous savons que Eva est au courant de toutes ces histoires. On sait aussi que cela l'attriste énormément ; elle en vient même à venir nous voir en message privé, à contacter ses fans, pour savoir ce qui se passe. Parfois, cela prend trop d'ampleur et Eva est rapidement mise au courant. Nous sommes là pour lui apporter un « plus » dans sa vie et du soutien, comme je lui ai expliqué un jour à cause de ces problèmes. Entendre Eva me dire, mot pour mot « ça me fait de la peine parce que je n'ai pas envie qu'il y ait du mal fait à qui que ce soit », cela me brise encore plus. Me dire qu'elle ne veut que notre bonheur et notre bien-être et que, parfois on en arrive très loin, c'est tellement malheureux… Cela rend Eva triste, alors ça m'attriste davantage. Quand Eva partage nos posts dans sa story je vois qu'elle souhaite comprendre nos histoires et qu'elle ne va pas laisser passer tout cela. Ces situations me rappellent qu'elle ne nous lâchera pas.

Voilà alors un extrait de ce qu'elle partage parfois dans sa story sur Instagram : « j'ai reçu plein de messages d'alerte concernant des harcèlements entre mes comptes fans ; je ne vais pas du tout prendre ça à la légère ». Ce sujet d'harcèlement lui tient réellement à cœur, d'où la chanson qu'elle a écrite elle-même « Maman j'ai mal » dans laquelle elle y dénonce que les réseaux sociaux sont mauvais pour les adolescents et même pour tout le monde. Heureusement que l'on a cette chance d'être protégé par les proches de

Eva quand cela va malheureusement trop loin...

Il faut tout de même retenir qu'il n'y a pas constamment de telles histoires. On reste malgré tout une team très soudée et la communauté de Eva veut lui montrer que son soutien envers elle ne changera pas.

11

La notoriété de Eva et son envie de simplicité

Ce succès dont Eva bénéficie ne lui apporte pas que des côtés positifs.

Concernant le sujet des médias et des réseaux sociaux, Eva s'exprime très régulièrement à propos de l'ampleur qu'ils prennent et aux effets qu'ils engendrent, malheureusement plus négatifs que positifs. Elle dit avoir une certaine « responsabilité » dans ce sujet. Elle souhaite parfois s'effacer de tous ces médias mais elle possède tout de même plus de 2 millions de followers. Alors, elle explique que c'est assez difficile pour elle de peser le pour et le contre et de savoir quelle décision est bonne à prendre ou non pour elle à l'avenir.

Aussi, je me dis qu'elle n'est pas vraiment heureuse face à cela. Il doit lui arriver à elle aussi d'avoir des moments plus difficiles que d'autres. Puis, cette vie dont elle a toujours rêvé depuis petite, n'est peut-être pas celle dont elle voudrait pour toujours. C'est l'une des raisons qui la pousserait probablement le plus de s'effacer au fil du temps de cette vie remplie de stress, de méchanceté et de rivalité. Mais ça, elle seule le sait.

C'est sûr qu'en lisant ce genre de story où elle dit ouvertement devant ses 2 millions de followers sur Instagram qu'elle est triste me brise tellement.

« J'ai mal au cœur, je suis triste, Je sens mes larmes monter chaque jour sans exception. J'ouvre mes messages et je me rends compte que le monde va mal ; des messages de détresse, d'un nombre inimaginable de jeunes femmes qui ne trouvent plus comment réagir face à ce virus tellement gros que personne ne le voit : le nouveau monde, celui du like, des followers. Un virus qui mène directement aux plus gros vices, l'orgueil, l'adoration, l'oppression, la méchanceté et encore beaucoup d'autres. Je ne suis personne sur cette terre pour juger ce qui est bon et mauvais, mais je m'en veux de participer à cette pourriture, alors peut être que ce message est égoïste et que je le fais pour soulager ma conscience mais il n'est pas hypocrite, il vient tout droit de mon cœur, le cœur de Eva, celui que j'essaye de protéger. C'est avec sincérité que je veux alerter les familles, par pitié surveillez les gens autour de vous, apprenez à vos enfants que ceci n'est pas bénéfique pour le bonheur, pour la vie la vrai vie... »

Voilà les mots qu'elle emploie dans une de ses stories sur Instagram. Eva a totalement raison. Ce monde est rempli de haine et de jalousie, les gens adorent la méchanceté gratuite et parler partout pour tout et rien.

Certes je ne veux pas la voir triste mais c'est tout de même normal qu'elle le soit parfois, elle est humaine tout comme vous et moi. Elle est bien consciente que partager ce genre de message affecte d'autant plus ses fans. Il nous arrive très régulièrement de penser au pire mais peut être au meilleur pour elle. Un jour, très probablement, elle s'éloignera petit à petit de cette vie, remplie de popularité, de jalousie, de notoriété qu'elle a certes voulu d'un côté, mais probablement jamais imaginé à ce point. Puis surtout, tout cela à l'âge de 21 ans, lorsque sa vie d'adulte débute seulement. Je la comprends bien sûr. Elle dit elle-même dans une interview, vouloir rêver d'une vie plus simple, « est ce que c'est cette vie-là que je veux ? Quand je rentre chez moi, toute seule dans mon lit, je me dis, « est ce que je ne préfère pas une vie plus simple ? » (...), mon idéal de la vie c'est d'être chez moi, avec mes enfants et une petite maison. Voilà ça c'est mon rêve mais est ce que finalement je n'ai pas peur d'empiéter sur mon autre rêve qui est être chanteuse ? ». Elle se questionne beaucoup vis à vis des réseaux sociaux et de cette notoriété pour sa vie future…

Quoi qu'il arrive, je comprendrai et j'accepterai sa décision car si son bonheur est d'avoir une vie plus simple, je la laisserai vivre dans le silence comme elle le souhaite même si je sais au fond de moi que j'aurai énormément de peine pour un long moment.

Enfin, moi aussi il m'arrive parfois de me questionner sur cette idolâtrie que je porte envers elle. J'ai 19 ans, je sais bien et j'en ai conscience, que tout ce que je fais pour elle est sans doute éphémère et qu'au fond, elle est comme tout le monde, comme moi. Mais jusque quand cela va durer ? Certaines fois, je me suis posé mille et une questions face à mon admiration envers Eva. Puis, je me dis qu'aujourd'hui j'aime ce que je fais, peut être que demain ce sera différent et je verrai à ce moment-là.

12

Croyez en vous, battez-vous !

Moi aussi je n'y croyais plus, moi aussi j'ai voulu lâcher. Mais je n'ai pas baissé les bras et j'ai tenu jusqu'au bout. J'aimerai que vous compreniez que nous sommes tous parti de rien et que, comme Eva le dit, nous sommes tous capables d'accomplir nos rêves, moi la première. Quand je reçois des messages dans lesquels on me dit « c'est grâce à toi que j'y crois encore, grâce à ton parcours » c'est l'un des plus beaux compliments que l'on puisse me faire. Puis, lorsque vous entendez des artistes, chanteurs, ou votre idole énoncer « croyez en vos rêves et croyez en vous malgré tout », il n'y a rien de plus beau pour se motiver.

Eva m'a fait comprendre que le proverbe « croire en ses rêves » comme elle répète régulièrement, pouvait prendre tout son sens. Je l'ai écoutée, que ce soit face à elle ou vis-à-vis de n'importe quelle autre situation et je n'ai pas lâché, même si cela a été parfois difficile mais j'ai compris qu'il fallait toujours se battre pour atteindre ses objectifs. Comme elle dit elle-même dans son morceau « vous » ; « ça m'a pris du temps mais j'ai fini par accepter, que sans travailler mes objectifs, je ne pourrais pas les réaliser ». J'ai donc pris exemple sur elle et sur son parcours.

Et voilà où j'en suis aujourd'hui. Si on m'avait dit il y a 4 ans que tout cela m'arriverait, je n'y aurais pas cru, mais jamais. Car moi aussi je suis partie de rien, tout comme Eva d'ailleurs ; elle a cru en elle et elle en est fière, tout comme moi.

Elle a débuté par chanter devant son piano et aujourd'hui elle le fait dans des salles de concerts, c'est juste fou !

Et puis moi, je rêvais de la prendre dans mes bras, et aujourd'hui cela s'est réalisé et elle sait qui je suis, chose dont je n'ai jamais rêvé car cela était inaccessible pour ma part.

Je sais que j'ai énormément eu d'occasions par rapport à Eva et de ses proches, et j'essaye au maximum d'être le plus reconnaissante possible car c'est une chance inouïe. Je ne suis en aucun cas ici pour me vanter mais pour vous rappeler que tout est possible et « quand on veut, on peut ». La plupart du temps, je pense ne pas réaliser que c'est bien Eva, derrière son écran qui m'offre tout cela à l'heure actuelle et qui prend le temps de le faire pour moi. Alors oui, tout ce qui m'est arrivé en 2 ans s'avère être juste extraordinaire et plus particulièrement depuis le début de la tournée. Mais, je sais qu'un jour tout sera fini. Quand ? Je ne sais pas et je ne préfère pas y penser.

Eva, c'est la personne qui m'aide à avancer chaque jour, et me dire qu'elle sait qui je suis à ce jour est la plus belle chose qui puisse m'arriver. Alors tout cela je le dois entièrement à elle, merci.

Merci pour tout.

Cette relation que j'ai avec Eva n'est certainement pas celle que j'avais il y 4 ans… Encore aujourd'hui je regarde ces vidéos où je la prends dans mes bras, chose dont je n'aurai jamais imaginé auparavant. Et, je suis jalouse de cette fille qui a vu Eva et qui discute parfois par message privé sur les réseaux sociaux avec elle car, moi aussi, je veux vivre ce moment. Mais cette fille là c'est moi, Nina, mais pour moi c'est quelqu'un d'autre, ce n'est pas possible, je n'y crois pas et je n'y croirai jamais que j'ai réalisé mon rêve. Je trouve cela extraordinaire de pouvoir me dire « j'ai réalisé mon rêve » car se dire d'avoir réussi à accomplir la chose dont je souhaitais le plus, dont j'avais le plus envie, est si agréable.

Cependant d'un autre côté, j'ai cette maturité si je puis dire, qui me fait rappeler que cette jeune femme est comme moi. Elle aussi a joué aux mêmes jeux que moi petite, on a regardé les mêmes dessins animés et elle aussi a des repas de famille et fait le ménage chez elle. En réalité, elle est tout de même normale… Cette phrase est très triste lorsque l'on y pense, mais beaucoup pensent le contraire.

Mais c'est compliqué de se rappeler cela quand elle est sur scène face à des milliers de spectateurs.

Alors certes, certains ont été jaloux de mon parcours et de moi, d'autres sont partis de ma vie, mais aujourd'hui je sais qui est là pour ma personnalité uniquement.

Je ne veux pas crier sur tous les toits que j'ai eu beaucoup de choses de la part de Eva car ce serait peut-être présomptueux de ma part. Mais, à l'heure actuelle, je suis fière de moi et de mon chemin parcouru jusqu'ici avec cette jeune femme que je continuerai d'admirer.

Certains n'ont pas encore eu cette chance, peut être que ce n'était pas le bon moment et probablement. Mais surtout, ne lâchez jamais et continuez à croire en vous, jusqu'au bout comme j'ai cru en moi !

Merci à toutes les personnes qui dès le début ont cru en moi et m'ont toujours soutenu quoi qu'il arrive jusqu'à aujourd'hui, et plus particulièrement ma famille.

Et, je suis extrêmement reconnaissante pour tout ce que Eva m'apporte et m'offre depuis plus de 4 ans et plus particulièrement depuis ces dernières années.

Pour finir, je continuerai à suivre Eva jusqu'au bout de sa carrière à travers mes études de droit ; mais une chose est sûre, je serai extrêmement fière de raconter mon parcours avec Eva plus tard à mes enfants…

Ma playlist pour mieux connaitre Eva

Premier album : Queen

- Mood

C'est le premier single qu'elle a sorti, donc il me semble primordial de le choisir dans ce Top 5. Il lui a permis de se faire connaître aussi bien du public que du monde de la musique.

- Smile

Ce piano-voix est l'un de mes morceaux préférés de sa carrière. Le fait que ce soit des paroles si vraies et si recherchées me plaît beaucoup.

- On Fleek

Eva a collaboré avec Lartiste sur cette musique qui est un grand artiste du rap français : Et puis, cette chanson entraînante permet de vraiment s'ambiancer !

- Kitoko

Je pense personnellement que lors des concerts de Eva, c'est l'une des chansons où l'on entend le plus la salle trembler, si je puis dire. L'atmosphère que Eva dégage et la joie de vivre qu'elle procure sur ce morceau est tout simplement fantastique !

- Jazz

Enfin, Eva a choisi de dédier cette musique à sa grande sœur, Jazz. Elle nous y dévoile leur complicité très forte et toutes les sœurs peuvent se reconnaître et s'identifier dans ce morceau. On peut alors la chanter entre sœurs !

Deuxième album : Feed

- Vous

J'adore ce son ! Elle l'a écrit spécialement pour ses fans, et c'est le plus beau cadeau qu'on puisse avoir. Se reconnaître dans une chanson qu'elle a écrite uniquement pour nous est si admirable !

- Chelou

Dans ce second album, Eva a décidé d'écrire un son assez amusant et que chacun peut s'approprier comme il le souhaite, sur le fait de faire « des trucs trop chelou ».

- Lingo

Cette musique aussi implique énormément d'ambiance en concert avec notamment les chorégraphies de

Eva tout autant incroyables les unes que les autres ! C'est pourquoi j'aime beaucoup cette chanson et ce qu'elle y dit dedans.

- Étincelle

J'aime particulièrement ce morceau car elle y a tourné un clip juste exceptionnel à mes yeux et j'apprécie les paroles de cette chanson.

Troisième album : Happiness

- Ciel

C'est sans doute ma chanson préférée de Eva. Elle a, une nouvelle fois écrit un piano-voix et c'est que j'apprécie certainement le plus chez elle. Ses paroles me touchent beaucoup et son public s'y reconnaît fortement. Et puis, son timbre de voix est si doux sur ce type de musique.

- Sœur

Eva a décidé de dédier pour la seconde fois un morceau à sa meilleure amie, Noa, après avoir écrit « Anniversaire ». C'est génial parce que toutes les meilleures amies peuvent se retrouver dans les paroles de Eva. De plus, en concert, l'ambiance est incroyable, et encore plus quand Noa monte sur scène !

- Maman j'ai mal

Comme évoqué précédemment, Eva est très touchée des effets qu'engendrent les réseaux sociaux. Elle explique cela dans ce son où elle se dévoile et se confie donc à sa mère. Lorsque Eva chante ce titre à chacun de ses concerts, elle est extrêmement touchée, tout comme à Amnéville où elle a pleuré, non pas de joie mais bien de tristesse.

- Bali

J'aime trop cette musique ! Elle apporte tellement de bonne humeur et d'entrain. Voilà une vraie chanson à écouter au soleil en été !

- 2000 roses

Cette chanson a un côté assez sombre et c'est probablement ce qui diffère le plus des autres ; on voit ici-même en quelque sorte, tous les « côtés » de Eva.

Les moments les plus marquants dans mon aventure lors de la tournée de Eva

Tous les instants passés à ses côtés, de loin ou de près sont importants pour moi mais certains m'ont bien évidemment plus touchée que d'autres.

Amnéville, 06/11/2021

Après avoir pris Eva dans mes bras 2 jours avant son premier concert a été certainement une expérience inoubliable mais celle-ci s'est prolongée plus tard. Lorsqu'elle a chanté pour la première fois en concert sa chanson « maman j'ai mal » à Amnéville, elle dit, avoir vu dans le public, des fans pleurer en sanglot, ce qui l'a beaucoup touchée. Donc à partir de ce moment-là, elle a dû s'arrêter en pleine musique car elle pleurait trop et elle ne pouvait plus continuer bien qu'elle essayait. Ce morceau qu'elle a elle-même écrit est certainement le plus touchant de sa carrière. Elle décrit la société dans laquelle on vit et comme le dit le titre, elle se plaint envers sa maman de la tristesse qu'elle éprouve en voyant ce monde qui va mal.

C'est pour cette raison que j'ai particulièrement apprécié ce moment du concert.

Strasbourg, 27/11/2021

Ensuite, lors de son concert à Strasbourg, Eva s'est adressée à son public et a affirmé : « je reçois tellement de messages de mes comptes fans, c'est incroyable ». Après cela, j'ai crié « tu m'as reposté ce matin » car elle avait republié dans sa story sur Instagram un post à moi. D'autres ont répété ce que j'ai dit et c'est là qu'elle m'a ensuite regardé en me faisant un sourire. C'était juste magique !

Merci Eva.

Nice, 26/03/2022

Lorsque je me suis rendue au concert à Nice, il y a eu 2 instants marquants pour ma part. Tout d'abord la chanson « vous » quand elle s'est assise au bord de la scène, elle a vu que je pleurais pour elle et directement elle m'a regardée tout le long du début de la chanson. Je n'avais jamais eu un moment comme celui-ci à ses concerts où elle me regardait de cette manière mais surtout, aussi longtemps, car j'avais vraiment l'impression que ce moment n'en finissait pas.

Puis à un autre moment du concert, à nouveau à la fin de « maman j'ai mal », elle m'a entendue crier de joie mais aussi de tristesse. Elle s'est alors approchée de moi et a probablement vu que j'étais encore une fois en train de pleurer haha. Elle m'a souri, puis fait des bisous et un cœur, de loin et ce, à nouveau pendant de longues secondes.

C'est juste extraordinaire quand votre idole vous fixe avec un regard dans lequel il vous apporte tant de bonheur et d'amour.

Montpellier, 22/04/2022

Pour les 2 dernières dates de sa tournée, Eva a choisi de nous offrir un moment magique, entre elle et ses fans uniquement. Lors de sa chanson « vous », elle est descendue de la scène, s'est avancée vers son public et est montée sur une estrade pour pouvoir chanter avec nous. Elle est ensuite passée devant tout le long de la barrière pour prendre une bouffée d'amour, si je puis dire, de la part de ses fans. On a ainsi pu lui prendre la main et la voir en face de nous, au plus près de nous. C'était exceptionnel !

Remerciements

Tout d'abord, il faut savoir que très peu de personnes ont été mises au courant de ce projet de livre sur Eva, car je voulais en quelque sorte, en faire une surprise. Ma famille, mes parents et ma sœur ont ainsi découvert mon livre à sa sortie comme la plupart des gens.

Je souhaite tout de même remercier certaines personnes qui ont soutenu ce projet sur lequel j'ai travaillé durant ces quelques derniers mois.

Merci à Candice, jeune auteure également, qui a pris de son temps pour relire l'entièreté des chapitres de mon livre. Elle a su me prodiguer des conseils qu'elle-même a suivi lors de l'écriture de ses livres.

Merci à Lilou, qui elle aussi a relu et corriger certains passages de mon livre.

Ces 2 personnes m'ont tout particulièrement aidé pour l'avenir, que ce soit dans de possibles autres livres ou dans mon projet d'étude. Leurs avis, corrections et conseils m'ont permis de m'améliorer au fil de l'écriture de mon livre et j'en tiendrai compte à l'avenir.

Je remercie les quelques amies que j'avais mis au courant afin de m'avoir partagé leurs idées pour ce projet.

Et puis, merci encore à Eva, sans qui tout cela n'aurait jamais été possible.

Note de l'auteur

Écrire ce livre m'a permis de nombreuses choses. Je me suis améliorée dans l'écriture, je me suis rendu compte en me remémorant mon parcours que j'ai accompli un parcours dont je suis fière, et puis que j'étais capable de publier mon propre livre à seulement 19 ans. Si l'on m'avait dit il y a 4 ans que j'écrirai un livre plus tard, je n'y aurai jamais cru.

J'expose essentiellement mon histoire avec Eva ici, mais la notion de croire en soi est valable pour toute autre situation.

L'auteur et son roman

Âgée de 19 ans, Nina Roque est une jeune auteure qui a abordé le thème d'être fan de la chanteuse Eva. Elle souhaite faire comprendre à travers son livre, que son parcours peut être réalisé par d'autres et qu'elle n'est pas la seule à pouvoir accomplir tous ces projets.

D'un style plutôt simple, elle dévoile ici son chemin et ses étapes pour atteindre ses plus grands rêves envers cette artiste, tout en révélant l'entièreté de ses émotions durant cette aventure magique.

Table

Qui est Eva ?...4

1. Pourquoi elle et pas une autre ? 7
2. Faire face aux jugements et les affronter 15
3. Mon compte fan..19
4. Eva, ce sont aussi des rencontres............27
5. Au plus près de nous 33
6. Eva tour 42
7. Le 04.11.21, Eva est devant moi ?...........50
8. Le 26.03.22, à nouveau dans ses bras 60
9. Mon parcours dans les médias................65
10. Avec nous, face aux critiques 71
11. La notoriété de Eva et son envie de simplicité 77
12. Croyez en vous, battez-vous ! 84

Ma playlist pour mieux connaitre Eva.........92

Les moments les plus marquants dans mon aventure lors de la tournée de Eva 100